Escondidos en la nieve

Barbara Taylor

QEB Publishing

Editora del proyecto: Angela Royston
Diseñador: Matthew Kelly
Investigación de fotografías: Maria Joannou
Traductora: Macarena Salas

Portada: Una cría de foca se esconde en el hielo que cubre el Océano Ártico.

Published in the United States by
QEB Publishing, Inc.
3 Wrigley, Suite A
Irvine, CA 92618

www.qed-publishing.co.uk

Las **palabras** en negrita se explican en el glosario de la página 22.

ISBN 978-1-60992-180-4

Impreso en China

Créditos de las fotografías
(a = arriba, d = debajo, i = izquierda, d = derecha, p = portada, cp = contraportada)
Alamy Alaska Stock LLC p; Corbis Andrew Parkinson 15d, Wayne Lynch/All Canada Photos 21d; FLPA Michio Hoshino/Minden Pictures 4, Konrad Wothe/Minden Pictures 5i, Tom Vezo/Minden Pictures 5d, Michael Quinton/Minden Pictures 7a, Jurgen & Christine Sohns 1, 12, Reinhard Hölzl/Imagebroker 13i, Patricio Robles Gil/Minden Pictures 14, Michael Quinton/Minden Pictures 15a, Franz Christoph Robi/Imagebroker 16, Hiraya Minakuchi/Minden Pictures 17d, Tui De Roy/Minden Pictures 18, Jim Brandenburg/Minden Pictures 21a; Nature Picture Library Chris Gomersall 6, Staffan Widstrand 8, Steven Kazlowski 11, Doug Perrine 17i, Pete Cairns 20; Photolibrary Doug Allan 7d, J-L Klein & M-L. Hubert 9, Peter Arnold Images 10, AlaskaStock 13d, Peter Arnold Images/Gerard Lacz 19; Shutterstock Hunter 2/3, Jan Martin Will cp, Lizard 22-23, Armin Rose 24.

Contenido

Esconderse en la nieve

Los animales que viven en los lugares fríos y nevados saben esconderse muy bien. Estos animales se esconden confundiéndose con lo que les rodea. A esto se le llama **camuflaje**.

Algunos animales son blancos para confundirse con la nieve y el hielo del suelo. Las crías de foca harpa tienen el pelaje blanco. Nacen en el hielo y se tienen que quedar ahí hasta que crezcan.

▲ La cría de foca harpa se tiene que quedar muy quieta para que los osos polares y otros cazadores no la vean.

Suelo rocoso

Otros animales, como los halcones gerifalte, viven en lugares con rocas y nieve. Estos animales son de color marrón, gris y blanco para parecerse a las rocas grises y marrones.

▲ Un halcón gerifalte vuela cerca del suelo en busca de una presa.

ENTRE ANIMALES

- Los animales que cazan y matan a otros animales para comérselos se llaman **depredadores**.

- A los animales que cazan se les llama **presas**.

▶ El lobo del Ártico es un depredador. Su pelaje blanco se confunde con la nieve blanca.

Blanco como la nieve

Los lugares más fríos de la Tierra están en las altas montanas y en el **Ártico** y la **Antártida**. El hielo y la nieve blanca cubren la tierra y gran parte del mar.

Muchos animales tienen el pelaje o las plumas blancas. Las plumas blancas del petrel de las nieves lo ayudan a esconderse de sus depredadores, como las skúas, que son grandes pájaros marinos.

vista aguda para poder ver los peces en el mar

plumas blancas

▲ El petrel de las nieves es del tamaño de una paloma.

Oveja de montaña

Las ovejas de Dall viven en las montañas nevadas. En invierno, las ovejas bajan de las montañas para estar más calientes. Los lobos y otros cazadores hambrientos intentan atraparlas, pero las ovejas blancas desaparecen como fantasmas en la nieve.

cuerno curvo

▶ Las ovejas de Dall viven en las laderas empinadas de las montañas, donde a los depredadores les resulta difícil perseguirlas.

almohadillas duras en las patas para agarrarse a las laderas resbalosas

BUSCA Y ENCUENTRA

¿Cuántos petreles de las nieves ves en la foto de abajo?

Cazar en la nieve

Los depredadores se tienen que acercar a sus presas si quieren atrapar su comida. Los animales a los que van a cazan corren muy rápido y se pueden escapar antes de que los atrapen.

Los lobos del Ártico son blancos, como la nieve que los rodea. Los lobos cazan en grupos llamados **jaurías**. A los animales que van a cazar les resulta muy difícil ver a todos los lobos. Algunos lobos pueden acercarse a las presas sin que los vean.

▶ **Los lobos del Ártico se confunden con la nieve para cazar sus presas.**

Leopardos de las nieves

Los leopardos de las nieves tienen el pelaje gris con círculos de color gris oscuro que los hace prácticamente invisibles entre las rocas grises de las montañas donde viven.

El leopardo de las nieves acecha a su presa. Se acerca lenta y silenciosamente. Si el animal que va a cazar mira hacia arriba, el leopardo se queda muy quieto para que su presa no lo vea.

- Una jauría de lobos puede atrapar a un animal mucho más grande que ellos.

- Los leopardos de las nieves no pueden rugir. Ronronean.

pelaje espeso para mantenerse caliente

La cola larga del leopardo lo ayuda a mantener el equilibrio.

Grandes osos blancos

Los osos polares son los animales blancos más grandes del mundo. Los osos polares cazan focas, que normalmente nadan bajo el hielo que cubre el mar en invierno.

Las focas hacen agujeros en el hielo para salir a respirar. Los osos polares esperan cerca del agujero por el que respiran las focas. El pelaje blanco de los osos les permite camuflarse de las focas.

DATOS DE LOS OSOS

- Un oso polar pesa tanto como un carro pequeño.

- Un oso polar puede esperar horas al lado del agujero donde salen a respirar las focas.

- A veces los osos polares no comen nada durante cinco días.

▼ El oso polar se queda muy quieto y espera a que la foca saque la cabeza para respirar.

Ataque sorpresa

El oso polar se lanza hacia la foca y la saca del agua. Después, el oso muerde a la foca para matarla antes de comérsela. Cuando termina, el oso se limpia el pelaje nadando en el agua o rodando sobre la nieve.

patas duras y peludas para agarrarse en la nieve

pelaje grueso y capa de grasa para mantenerse caliente

▲ El oso polar rueda sobre la nieve para limpiar su pelaje. ¡Los osos polares no sienten frío!

Esconderse de los cazadores

Los animales que se cazan también usan el camuflaje. Muchos de estos animales son pequeños y débiles. Esconderse de un temible depredador es una de las mejores maneras de mantenerse con vida.

Las liebres raqueta de nieve del Ártico suelen vivir en grupos. Si un depredador se acerca, pueden quedarse muy quietas y apenas se las ve. Pero si el depredador se acerca mucho, las liebres se dispersan. ¡Así, el depredador no sabe a cuál perseguir!

tres capas de pelo para mantenerse caliente

patas grandes y peludas para no hundirse en la nieve

¡Sin camuflaje!

Las marmotas tienen un pelaje marrón grisáceo que se confunde con las rocas en verano. No necesitan tener el pelo blanco porque durante el invierno nevado duermen en sus **madrigueras**.

Los bueyes almizcleros tampoco necesitan ser blancos para camuflarse. Los bueyes almizcleros adultos son tan grandes y tienen los **cuernos** tan grandes que casi ningún animal se atreve a atacarlos.

pelaje largo y grueso

cuerno

◄ Esta marmota está alerta por si ve algún depredador, como un zorro o un águila.

► El buey almizclero adulto usa sus grandes cuernos para defender a sus terneros.

ENTRE ANIMALES

- Las marmotas duermen en sus madrigueras durante ocho meses al año.

- El buey almizclero forma un círculo alrededor de sus **terneros** para protegerlos de los lobos.

Crías y pollitos

Las crías de animales son pequeñas y no se pueden defender solas. Las crías siempre tienen hambre y necesitan comer mucho. Muchas veces se quedan solas mientras sus padres salen a buscar comida para ellas.

Las crías de reno nacen en verano y tienen el tamaño de una liebre. Su pelaje marrón se mezcla bien con el suelo marrón. Esto las ayuda a estar a salvo de los cazadores, como los lobos.

- Una cría de reno de un día de edad puede correr más rápido que una persona.

- El pato de flojel se arranca sus propias plumas suaves para hacer el nido y mantener los huevos calientes.

▲ Los terneros de reno tienen las patas largas para poder correr rápido y seguir al resto de la manada.

Madres y pollitos

En los lugares fríos hay muy pocos árboles, así que la mayoría de los pájaros hacen sus nidos en el suelo. Las hembras se suelen sentar en el nido para mantener los huevos calientes, así que tienen que estar muy bien camufladas.

▲ Este pollito charrán del Ártico y su huevo están bien camuflados.

▲ Estas crías de pato de flojel siguen a su madre dondequiera que vaya.

15

Claro y oscuro

Muchos animales que viven en los océanos fríos tienen la barriga de color claro y la espalda oscura. Estos colores los ayudan a camuflarse cuando se les ve desde arriba o desde abajo.

Los frailecillos bucean para atrapar peces. Cuando el pez mira desde abajo, le cuesta mucho ver la barriga blanca de los frailecillos con la luz del cielo. Pero si un depredador mira desde arriba, la espalda negra del frailecillo desaparece entre las aguas oscuras.

barriga blanca ········>

◄ Los frailecillos pueden volar y nadar por debajo del agua.

patas palmeadas para nadar ···········>

Orcas

Los colores claros y oscuros de las orcas las ayudan a esconderse de distintas maneras. En el agua hay manchas claras y oscuras. Cuando se mira de lado, la orca desaparece entre las manchas.

ENTRE ANIMALES

- Los frailecillos a veces se llaman loros marinos por sus picos de colores.

- Una orca es un tipo de delfín.

▼ Las orcas viven en grupos llamados manadas.

aletas para cambiar de dirección

cola ancha para nadar

Diseños de pingüinos

Los pingüinos tienen la espalda negra y la barriga blanca para camuflarse al nadar en el mar.

Desde arriba, la espalda negra del pingüino se confunde con las aguas oscuras. Desde abajo, su barriga blanca se confunde con la superficie clara del mar.

▲ El camuflaje del pingüino lo ayuda a atrapar alimentos y a escaparse de los tiburones y otros cazadores.

Mantenerse caliente

El color negro absorbe el calor mejor que el blanco. La espalda negra del pingüino absorbe el calor del sol. Esto ayuda al pingüino a calentarse después de haber estado en el mar helado.

pico fuerte para agarrar peces resbalosos

espalda con plumas suaves para que no entre el agua

plumas mullidas por debajo para mantenerse calientes

▲ Hay diferentes tipos de pingüinos con colores y diseños diferentes.

Cambiar de color

Algunos animales tienen el pelaje blanco en invierno. ¡Y en verano se vuelve marrón! Su pelaje cambia de color para confundirse con el color del suelo donde viven.

En invierno, la nieve cubre la tierra. El pelaje blanco del zorro del Ártico es difícil de ver en la nieve. Su pelaje blanco es muy grueso y lo mantiene caliente en invierno.

◄ El pelaje blanco ayuda al zorro Ártico a acercarse a su presa. Sus patas peludas lo ayudan a no hundirse en la nieve.

Verano

En verano, la nieve se derrite y se ven las rocas marrones y grises en el suelo. El pelaje del zorro ártico cambia de blanco a marrón para mezclarse entre las rocas.

Para cambiar de color, los animales pierden su pelaje viejo y les sale uno nuevo. Esto ocurre cuando el tiempo se vuelve más cálido.

BUSCA Y ENCUENTRA

El zorro Ártico caza liebres del Ártico, que también cambian de color en invierno y en verano. ¿Cuántas liebres del Ártico puedes ver en la foto de arriba?

orejas grandes para oír a las presas bajo tierra

◄ Este zorro tiene parte de su pelaje blanco de invierno y parte del pelaje marrón de verano.

Glosario

acechar La manera lenta y silenciosa que tiene el cazador de moverse y acercarse a su presa.

Antártida Continente helado que rodea el Polo Sur.

Ártico El océano helado y las tierras frías que rodean el Polo Norte.

camuflaje Colores, diseños o marcas que ayudan a un animal a esconderse y confundirse con lo que le rodea.

cuerno Crecimiento duro que tiene un animal ungulado. Los cuernos suelen ser rectos o curvos, pero no se ramifican.

depredador Animal que caza o mata a otros animales para comérselos.

jauría Grupo de animales que cazan juntos, como los lobos.

madriguera Túnel largo que hacen algunos animales en la tierra, como las marmotas

presa Animal que el depredador caza y mata.

terneros Crías de muchos animales, como los renos.

¿Los encontraste todos?
¿Cuántos animales contaste en las fotos de Busca y encuentra? ¿Viste los cinco petreles de las nieves en la página 5 y las ocho liebres del Ártico en la página 21? ¡Cuanto mejor se camufla un animal, más difícil es encontrarlo!

Índice

Notas para padres y maestros

Al compartir este libro con sus niños, hágales preguntas para que observen las fotografías con atención.

¿Qué es la nieve?

- Explíqueles a los niños lo que es la nieve. La nieve está hecha de delicados cristales de hielo, entre los que hay aire. La luz que se refleja en los cristales hace que la nieve brille y se vea blanca.
- Ayude a los niños a hacer cristales de nieve con papel y a explorar la simetría.
- Hable sobre la textura esponjosa de la nieve, su ligereza y frialdad y cómo se derrite o se congela y se convierte en hielo cuando se aprieta para hacer una bola de nieve. ¿Han hecho alguna vez los niños un muñeco de nieve o un ángel en la nieve?

Desplazarse

- El camuflaje funciona mejor cuando los animales se quedan quietos, ¡pero a veces se tienen que mover!
- Anime a los niños a camuflarse y jugar a las escondidas. Cada uno puede elegir una superficie o área en la que se quieran camuflar y disfrazarse para imitarla, por ejemplo, pueden ponerse una sábana delante de una pared blanca. Cuando terminen de jugar, pueden votar por el mejor disfraz y comentar quién se había camuflado mejor.

Cazadores y cazados

- Miren el libro y pídales a los niños que busquen los depredadores (cazadores) y las presas (animales cazados). Estos pueden variar de una página a la siguiente, ya que muchos depredadores son las presas de otros animales más grandes. Hagan un cartel con la cadena de alimentos. Muestre, por ejemplo, un lobo del Ártico que caza a un zorro del Ártico, y un zorro del Ártico que caza a una liebre del Ártico, que a su vez come plantas.

Mantenerse calientes

- Explique que las distintas capas de pelaje o de plumas atrapan el aire. Eso hace que el animal retenga el calor.
- Como las personas no están cubiertas de pelo como los animales, tienen que llevar ropa abrigada en invierno. Pregunte a los niños cómo se abrigan cuando hace frío afuera.

Cambios de color

- Dígales a los niños que el pelo y las plumas son estructuras muertas, por eso los mamíferos y los pájaros no pueden cambiar de color inmediatamente.
- A los animales que cambian de color con las estaciones les sale un nuevo pelaje o nuevas **plumas**. A esto se le llama mudar. ¿Recuerdan los niños qué animales cambian de color?